YEHUDA

YEHUDA

JUDEA (AGRADECIENDO A DIOS,
RECONOCIENDO A DIOS)
1° PARTE

MA. DE LOS ÁNGELES GUTIÉRREZ LÓPEZ

Para pedidos de copias adicionales de este libro, por favor contacte con:
Palibrio
1663 Liberty Drive, Suite 200
Bloomington, IN 47403
Llamadas desde los EE.UU. 877.407.5847
Llamadas internacionales +1.812.671.9757
Fax: +1.812.355.1576
ventas@palibrio.com
408363

TABLA DE CONTENIDO

Dedicado a S.S. Benedicto XVI y a la
memoria del Beato Juan Pablo II

PRÓLOGO

Queridos amigos lectores:

Esta obra es en principio la historia de la Salvación en mi vida personal; como el Señor Dios en su Misericordia ha llevado a mi persona como en antiguo desde Egipto hasta la tierra prometida. Desde la primera Alianza hasta la Nueva Alianza, desde el fondo del dolor hasta la plenitud de la redención; como en cada momento de mi vida; desde la concepción hasta mi juventud. Dios mi Padre ha aparecido con mano poderosa para atravesar el mar de la tristeza, del dolor, de la angustia y la desolación y defenderme del faraón; de mis miedos, debilidades y pequeñeces, y sacarme con omnipotencia del fango del pesar y la incertidumbre.

Incluyo varias catequesis de nuestro **Beato JuanPablo II y nuestro Santo Padre Benedicto XVI**, así como citas bíblicas; mismas que me han ayudado a caminar por el desierto de mi vida, simplemente por el gran Amor y Misericordia del que todo lo da.

Espero que te sea de utilidad para que te encuentres con Dios como me he encontrado yo. Hago un sincero reconocimiento a la inspiración y apoyo espiritual que nuestros pastores y amigos; **Beato Juan Pablo II y nuestro Santo Padre Benedicto XVI,** porque gracias a sus encíclicas, obras teológicas, catequesis y homilías se ha forjado en mi interior el **agradecimiento, reconocimiento** y alabanza de mi Señor Dios, el único Señor, como dice el antiguo Shema: "Escucha Israel; Yahvé nuestro Dios es el único Yahvé. Amarás a Yahvé tu Dios, con todo tu corazón, con toda tu alma y con todas tus fuerzas" **Dt.6, 4-5**

DEDICATORIA...

A mi **PADRE DIOS** por regalarme esta experiencia de AMOR.

A mi **MADRE DEL CIELO** por caminar conmigo en este valle de lágrimas.

A JUAN PABLO II porque Él ha sido mi ejemplo, mi inspiración y mi amigo...

A BENEDICTO XVI porque con sus palabras, escritos, filosofía y homilías ha dirigido mi vida y mis deseos de conversión... Con su gran espíritu de servicio, humildad, bondad y amor por Jesucristo a sellado en mi corazón la confirmación en la Fe.

A mi Esposo: **Luis Enrique** e Hijos: **Crista Stephanie, Andrés Emmanuel y Jesús Alejandro.** Por su paciencia y comprensión.

A mis **Padres y mis hermanos** de sangre por inculcar en mi corazón el amor A DIOS, por su amor y apoyo incondicional...

A mis **Sacerdotes** Rogelio Loza de Loza y Héctor Alvarado López por su acompañamiento en la búsqueda de la Conversión.

A mis **Catequistas** que me han enseñado a Vivir en la Verdad.

A mis **hermanos de comunidad** que me han enseñado a Amar.

A mis alumnos, ex alumnos amigos y lectores.

INTRODUCCION...

Queridos hermanos:

Este manuscrito fue pensado desde un principio como **Holocausto a Dios Padre**, por el amor que le ha dado a mi corazón, por el sentido recuperado en el caminar de mis 47 años de edad, por la luz que ahora alumbra en mi vida, en mi interior, en mi caminata por el mundo, en la lucha diaria por cumplir la voluntad de mi Padre Dios, y en la difícil tarea de anunciar a Jesucristo de una manera creíble, coherente y bendita.

Buscando que las experiencias de vida y las oraciones de este libro, te ayuden en alguna crisis de tu vida diaria o en tu vida personal.

Que aunque parezca que ya nada tiene sentido, lo encontrarás sí le crees a Jesucristo, porque Él, es el CAMINO, LA VERDAD Y LA VIDA.

Que el Señor nuestro Dios tenga para ti y los tuyos la bendición y la paz.

Que la Virgen María sea para Ti, lo que ha sido para mí; mi amiga, mi Madre, mi intercesora, mi luz, mi amor...

Y que la Santísima Trinidad haga su morada en ti.

LA PAZ

TU HERMANA EN CRISTO JESÚS María De los Ángeles Gutiérrez López.

Seudónimo: Ángeles de MARÍA

CAPITULO I

VIGILIA PASCUAL

NOCHE SANTA, SÁBADO 11 DE ABRIL DE 2009

...TODO EMPEZÓ EL MIÉRCOLES DE CENIZA, ERA INICIO DE CUARESMA, OTRA CUARESMA DIFERENTE A MIS 40 CUARESMAS ANTERIORES, CON MI RELIGIOSIDAD NATURAL, PENSANDO QUE **TODO ESTÁ BIEN**, QUE **NO TENGO PECADOS**, QUE SOY **"BUENA"**, QUE **"NO ROBO, NO MATO, NO FORNICO..."** TODO ESTÁ BIEN... **SOY CRISTIANA, AMO A CRISTO...¡TODO BIEN!**, ÉL ME DEBE FAVORES; NO ME CUIDÓ DE MIS ADVERSARIOS, DE MIS ENEMIGOS, LOS VIOLADORES, **TODO BIEN...**

Si acaso he cometido algún pecado, no pasa nada, hacemos "cambalache", **PENSANDO QUE DIOS PIENSA COMO YO,** que somos iguales, **ÉL ES UN SER SUPERIOR** y ¿yo?... ¡también!, con mis títulos colgados en la pared... soy maestra, 30 años al servicio de la educación en México, tengo una licenciatura, diplomados, cursos, algunos estudios del Instituto de Ciencias Teológicas, de la Sociedad de Escritores de México, casi termino la maestría en Ciencias de la Educación Familiar, fundé una escuela para niños de escasos recursos, **CASI SOMOS IGUALES...** 40 años de mi vida, viviendo en este absurdo, con la mente enajenada de "sabiduría terrenal", **PURA BASURA...**

40 AÑOS COMO EL PUEBLO DE ISRAEL, algunas veces alabando a Dios, otras renegando, con mis dioses falsos, mis becerros de oro, mis murmuraciones en contra del DIOS DE ISRAEL, mi DIOS, así como el pueblo de Israel, cayendo, levantando, con el **MANÁ** de su PALABRA, SU EUCARISTÍA, en mis manos, en mi boca... y dudando, **ABRIÉNDOME PASO ENTRE EL MAR** del resentimiento, del odio, de la falta de perdón, del pecado, y aun así dudando... **LUCHANDO POR MI CONTRA EL FARAÓN** de ese dolor eterno por las pérdidas en la historia de mi vida, de esos 40 años... mis ilusiones, mi hijo, mi mamá, mi hermana la más pequeña, mi amiga, mi niña... **LUCHANDO DE FRENTE CON MIS ADVERSARIOS;** mi egoísmo, mi soberbia, mi protagonismo, mis dudas, mis miedos... y hace 7 años por fin veo a lejos vislumbrar **LA TIERRA PROMETIDA:** MI PRIMERA PASCUA...LLENA DE TANTOS SIGNOS, DONES, REGALOS, BENDICIONES, AMOR, MISERICORDIA...

VIGILIA PASCUAL (MISTERIO DE AMOR)

"1° COMUNIDAD CAMINO NEOCATECUMENAL, PARROQUIA MARÍA MADRE DEL REDENTOR

* (SÁBADO Y DOMINGO 6 Y 7 DE ABRIL DEL 2007 DE 9:30 DE LA NOCHE DEL SÁBADO 6 DE ABRIL A 6:00 DE LA MAÑANA DEL DOMINGO 7 DE ABRIL)

ES LA PRIMERA PASCUA EN MIS 40 AÑOS, NUNCA HABÍA ASISTIDO A UNA; EN VERDAD YO PENSABA QUE ESO ERA COSA DE LAS "CUCARACHAS DE TEMPLO"; Y FUE UNA GRANDIOSA EXPERIENCIA...YO LE LLAME **MISTERIO DE AMOR.**

HOY LA COMPARTO PARA LOS QUE NUNCA HAN ASISTIDO A UNA; NO PIERDAN MÁS TIEMPO...

...GRACIAS PADRE DIOS, POR TAN MARAVILLOSA SORPRESA, GRACIAS POR EL GRAN AMOR QUE ME MANIFIESTAS, DESEO BENDECIRTE GRANDEMENTE POR TAN PROFUNDO AMOR...

AMOR QUE ME DEMUESTRAS DESDE LA CREACIÓN HASTA LA PASIÓN, MUERTE Y RESURRECCIÓN DE JESÚS...

GRACIAS POR PERMITIRME EXPERIMENTAR TU CERCANÍA, LA TERNURA Y LA LUZ DE TU PRESENCIA, EN MI ENTENDIMIENTO, MI ALMA, MI CORAZÓN...

QUE GRANDE ERES MI DIOS, MI ETERNO DIOS, MI MARAVILLOSO Y ÚNICO DIOS, EL DE ANTES, EL DE HOY, EL DE SIEMPRE.

EL DIOS DE ABRAHAM, EL DIOS DE MOISÉS, EL DIOS DE JACOB, ETERNAMENTE...

MI ALFA, MI OMEGA, MI PRESENTE!

BENDITA VELADA, CERCA DE TI, DE TU HIJO, DE MARÍA...

RECORDANDO CADA MOMENTO DE LA HISTORIA DE LA SALVACIÓN; MI SALVACIÓN, COMO UN REGALO INMERECIDO, POR MIS PECADOS, FALTAS E INMUNDICIAS, QUE TÚ CONVIERTES EN PERDÓN, EN GRACIA, EN AMOR...

DESDE EL FUEGO NUEVO; HASTA LA BENDITA EUCARISTÍA; DE LA PRIMERA LECTURA; A LA HOMILÍA; DE ABRAHAM, AL EVANGELIO; DEL CANTO DE LOS NIÑOS, AL BAUTIZO; DESDE EL PRIMER MINUTO, HASTA EL ÚLTIMO; TODO POR AMOR, POR EL BENDITO AMOR, QUE CRISTO JESÚS HIZO HOLOCAUSTO EN LA CRUZ... PUENTE ENTRE EL HOMBRE Y SU CREADOR ¡

GRACIAS PADRE, GRACIAS AMIGO, GRACIAS, GRACIAS, GRACIAS... MI ETERNO DIOS, DIOS DE LA ALIANZA Y DEL PERDÓN... DIOS DEL AMOR... * DOMINGO 6 Y 7 DE ABRIL DEL 2007"

Después de vivir esta experiencia nunca antes vivida, me alegra compartir contigo la alegría de experimentar ¡Que Dios está VIVO!

ESE ES MI DIOS, EL MISMO DE AYER, DE HOY, DE SIEMPRE…MI DIOS, TU DIOS, NUESTRO DIOS… EL DIOS DE NUESTROS PADRES, EL QUE ES…

Y después de 2 años en otra Pascua…

En esta Noche Santa mi Eterno Padre ha tenido misericordia de mí, me ha regalado la paz, la alegría, y un sueño con una palabra:

J U D E A

"ÁNGELES, LEVÁNTATE, VE A PREDICAR EL EVANGELIO POR TODA **JUDEA…**"

Eran las 12:00 del día del domingo de RESURRECCIÓN, me había quedado dormida después de la Vigilia PASCUAL, y un dolor fuerte me despertó, pensé que sería provocado por el ayuno, y oré a mi Señor, "Jesús has resucitado, ya no estás en la Cruz, estás vivo, ¿Por qué me duele?, ya te acompañe toda la SEMANA SANTA, en tus dolores; con mis dolores, en tu vergüenza del trato como a un ladrón; yo con la vergüenza de las deudas, Tú con la tristeza por la traición; yo con la tristeza del qué dirán, Tú con el ayuno de los 40 días; yo con mi hambre, con la necesidad del pan, del descanso; ya te acompañe Jesús ten compasión de mí, ya estas resucitado… y de pronto en **el sueño te has hecho presente…**

"ÁNGELES, **LEVÁNTATE** VE A PREDICAR EL EVANGELIO POR TODA **JUDEA…**"

Por eso comparto contigo estos textos de lo que representa **JUDEA**, en la vida de, **JESÚS, de MARÍA,** los **APÓSTOLES,** y los **PRIMEROS CRISTIANOS** hasta **S.S. JUAN PABLO II, Benedicto XVI** y lo que Dios le ha dicho **a mi corazón**… en esta PASCUA donde con todas mis fuerzas le pedí a Jesús, has *PASCUA conmigo está noche, dame una **palabra**, déjame ver tu **Misericordia**, enséñame **a confiar** en ti y hacer tu **voluntad**… amén

*"…**La Pascua** es la verdadera salvación de la humanidad. Si Cristo, el Cordero de Dios, no hubiera derramado su Sangre por nosotros, no tendríamos ninguna esperanza, la muerte sería inevitablemente nuestro destino y el del mundo entero. Pero **la Pascua** ha invertido la tendencia: la resurrección de Cristo es una nueva creación, como un injerto capaz de regenerar toda la planta. Es un acontecimiento que ha modificado profundamente la orientación de la historia, inclinándola de una vez por todas en la dirección del bien, de la vida y del perdón. ¡Somos libres, estamos salvados! Por eso, desde lo profundo del corazón exultamos: "Cantemos al Señor, sublime es su victoria" (Benedicto XVI)*[1].

Por eso al hacer **Pascua** conmigo me invita a ir por toda JUDEA…y así descubro el hermoso significado de esta bella palabra: Judea **(agradezco a Dios, reconozco a Dios)** Este es el significado de **Yehuda** palabra hebrea, y para mi exactamente lo mismo, pues en octubre del 2005 **RECONOCÍ A MI DIOS**… y estos 7 años también caminados por el desierto del cáncer y la muerte de mi madre, de haber acrisolado mi corazón en el fuego de la enfermedad, del infarto

---

[1] (XVI, 2010)

de mi padre, de la muerte y el cáncer de mi hermana Susy, de mi vulnerabilidad; he pasado **AGRADECIENDO A DIOS,** por eso esta palabra representa para mí, **un nuevo encuentro con mi Padre, y un maravilloso regalo de PASCUA. ¡Mi SALVACIÓN! Por eso;¡lo** reconozco **como mi DIOS, mi único DIOS!**

> JUDEA, (YEHUDA, *AGRADEZCO ADIOS* O *RECONOZCO A DIOS*) ES LA
> PARTE MONTAÑOSA DEL SUR DE LA HISTÓRICA <u>TIERRA DE ISRAEL</u>
> (לארשיץרא, <u>ERETZ ISRAEL</u>)[2]

JUDEA que es tierra de **ISRAEL**, me invita a reconocer **AL PUEBLO DE ISRAEL**, y a sumarme como ellos en sus batallas, en sus promesas, y a las **ALIANZAS QUE DIOS** tuvo con el pueblo, agobiado, maltratado, golpeado por la fuerza egipcia, por el faraón y sus hombres...

> "Los egipcios esclavizaron brutalmente a los israelitas. Y les amargaron
> la vida con dura servidumbre, con los trabajos del barro, de los
> ladrillos, del campo y con toda clase deservidumbre. Los esclavizaron
> brutalmente."
>
> [3]Éxodo 1,13-14

Y al recordar parte de mi vida en la que creí que la brutalidad de otros me sometía a la esclavitud: No era sino mi ignorancia y la ceguera de los acontecimientos vividos. Y mi propia esclavitud...

"SEÑOR TÚ ME HAS PROBADO... (POEMA)

LA CONCEPCIÓN

Han sido grandes cosas las que yo pase a tu lado, lo que he vivido desde el vientre de mi madre.

Donde por tu gracia, disfruté de su regazo, y donde por tu voluntad aprendí a escucharte...

Volviendo a la historia de mi vida:

En la que se aceleró mi nacimiento, y en el que la vida de ella también estaba en peligro...

Ahí estabasTú conmigo...

Dándome una oportunidad, seguro porque en alguna **MISIÓN** mi fragilidad podría escapar a la mentira y en ti podría yo volcar mi vida...

---

[2] **catolicosxsiempre.weebly.com/tierra-santa.html**
[3] [Nueva Biblia de JERUSAén.axn.ax] NUEVA BIBLIA DE JERUSALEN)

Quizás toda mi vida...

MI NACIMIENTO

Y así, antes de los 9 meses de gestación ahí estaba yo, pequeña y frágil, pero no estaba sola, **estaba Tu bendito Espíritu dador de vida**, que me dio fuerzas para luchar contra la muerte.

OTRA VEZ MI DIOS, TE HICISTE PRESENTE...

LA NIÑEZ

Una vez más la prueba; en la pobreza, en el hambre, en la falta de vestido y el gran deseo de un juguete, de una golosina.

En la fragilidad del acoso impertinente de mi tío materno, el dolor por la necesidad de guardar silencio, para proteger el corazón de mamá de una decepción por la traición de su hermano, de la duda, del ¿por qué?, y de no aprender a hablar con la verdad...

LA ADOLESCENCIA

La prueba en mi persona, delgada, morena, insignificante, haciendo frente a los apodos, a la burla, a las groserías de mis compañeros de secundaria, la autoestima pisoteada, flagelada, oscura...

Y a esa edad, desde El fondo de mi corazón empezé a orar a mi **PADRE DIOS**, en mi limitada imagen que tenía **de ÉL**... Como El pueblo de **Israel:**

> "Durante este largo período murió el rey de Egipto. Como los israelitas se quejaban de su servidumbre, el clamor de su servidumbre subió a Dios. Dios escuchó (Éxodo 2,22-24) sus gemidos y se acordó de su Alianza con Abraham, Isaac y Jacob."
>
> [4] ÉXODO 2, 22-24

Esa adolescencia tan llena de tristeza, de humillaciones, en casa de mis tíos, en el acoso y maltrato de mis primos...

Llena de miedos, de soledad... porque mis papás no estaban conmigo... pero Tú ahí estabas cerca...y yo ciega; sin verte!¡Oh Mi Señor Dios...Estabas conmigo!

---

[4]   (Nueva Biblia de JERUSALEN)

Dios, es el Dios de la historia, el mismo de ayer, de hoy de siempre... de tal manera que este es el inicio de mi caminar, y mi Dios decide invitarme a caminar, a salir de Egipto, desde mi nacimiento; probándome al crisol como al pueblo de Israel...

LA JUVENTUD...

Hacer frente a la prueba de fuego: LA VIOLACIÓN...

El gigante de la ira de un Dios, que yo creía ausente, casi implacable, un Dios olvidado de sus hijos, un Dios silencioso, misterioso... vengador, grotesco y cruel...

Después de esa vez, ya nada era igual, porque los demonios me perseguían, me hacían sufrir, me engañaban, haciéndome creer que **Tú mi Dios no existías**, que no me amabas...

"DESPUÉS DE LA VIOLACIÓN APRENDÍ A SER "INDEPENDIENTE", A NO NECESITAR DE NADIE, A RESOLVER MI VIDA SOLA, Y SOLO ERA UNA NIÑA, 19 AÑOS CON LAS ILUSIONES ROTAS, MIS SUEÑOS COLOR DE ROSA SE CONVIRTIERON EN PESADILLAS OSCURAS, TENEBROSAS, Y ASÍ DESPUÉS DE 2 AÑOS DE ESTAR CONVERTIDA EN UN GUIÑAPO, TOMADO DIAZEPAM, ANTIDEPRESIVOS, Y DE BUSCAR EL AMOR MUNDANO, EN MIS AMIGOS, EN MIS MOMENTOS DE DEPRESIÓN, DE ANGUSTIA, TODO ESO ME HIZO SACAR DE MI INTERIOR UNA ÁNGELES QUE NO CONOCÍA, UNA ÁNGELES SALVAJE, AGRESIVA, INDOMABLE, DESQUICIADA, FRÍA, INVULNERABLE, CASI UNA ASESINA, SEGURA QUE JAMÁS NINGÚN HOMBRE LA DAÑARÍA, LA LASTIMARÍA, Y QUE NADIE; NINGÚN SER SOBRE LA TIERRA, LA ULTRAJARÍA NI CON EL PENSAMIENTO, DE AHÍ MI VOCABULARIO, LA MÁSCARA PREFABRICADA DE LA INSUFRIBLE, PERO ESO NO ERA REAL, ERA UNA FARSA, UNA MENTIRA, ESA MUJER NUNCA EXISTIÓ.

FUE CREADA POR ESE ASQUEROSO MOMENTO, POR LA FRUSTRACIÓN, EL ENOJO, EL RESENTIMIENTO, LA IRA, LA INCOMPRENSIÓN, LA BURLA, LA AGRESIÓN, EL DESEO DE VENGANZA, LA FALTA DE PERDÓN. PERO... Y ¿QUIÉN VA A PERDONAR A 2 SUJETOS QUE SALEN DE LA NADA, DE LA OSCURIDAD, DEL INFIERNO?, ¿CON LA LUJURIA PLASMADA EN SUS FANTASMALES PUPILAS?, ¿EN SUS INMUNDOS COMENTARIOS Y EN LA ENAJENACIÓN DEL DESEO SEXUAL?...

POR DIOS, ESTO ES PEOR QUE EL CÁNCER, QUE LA MUERTE DE TU HIJO, QUE EL DESPRECIO DE TU ESPOSO, QUE LA MUERTE DE TU MADRE...

AQUÍ ESTÁ UNA RADIOGRAFÍA DE MI INTERIOR, DE MI ALMA, DE MI VIDA...

PARTE DEL DIARIO DE UNA "NEURÓTICA" QUE HASTA LOS 19 AÑOS FUE UNA FELIZ PRINCESA.

EL DEMONIO ME INTERPRETABA LA HISTORIA Y YO LE CREIA: "DESPUÉS DE TODO; ¿A QUIÉN LE IMPORTA UNA PRINCESA VIOLADA...? ¿UNA PRINCESA ADOLESCENTE PISOTEADA? ¿UNA JOVEN PRINCESA ULTRAJADA?"

*AHÍ MI DIOS, DESPUÉS DE 2 AÑOS DE DEAMBULAR, ENTRE PSICÓLOGOS, PSIQUIATRAS, DOCTORES, APARECISTE UNA VEZ MÁS, REGALÁNDOME UNA PALABRA Y PACTANDO TÚ **LA PRIMERA ALIANZA**... CONMIGO! EN ESE ENCUENTRO QUE TUVIMOS EN RENOVACIÓN CARISMÁTICA, DONDE TE CONOCÍ UN*

*POCO... Y AHÍ MI DIOS ME ENSEÑABAS LENTAMENTE A PERDONAR... (*EXTRACTO DEL DIARIO DE UNA PRINCESA DE MI PROPIA CREACIÓN)*

> *Ofrecimiento de la **alianza**:* "Moisés subió al monte de Dios y Yahvé lo llamo desde el monte, y le dijo: *"Habla así a la casa de Jacob y anuncia así a los hijos de Israel vosotros habéis visto lo que he hechocon los egipcios, y como os he llevado sobre alas de águila y os he traído a mí, ahora pues si de veras me obedecéis y guardáis mi Alianza, seréis mi propiedad personal entre todos los pueblos, porque mía es toda la tierra;"*
>
> [5]*Éxodo 19,3-5*

Mi Señor me acompañó desde aquel 20 de mayo de 1985, en el que yo pensé que se había olvidado de mí... **Él caminaba junto a mí**... como el **SHEKHINA** de los Israelitas en una nube;... hablándole a mi corazón en silencio...solo con su presencia.

> "Yahvé dijo a Moisés: *"Yo me acercaré a ti en una densa nube para que el pueblo me oiga hablar contigo, y así te crea para siempre."*[6]ÉXODO 19,9

Y estuvo ahí, no sé quién pudo trasladarme a Guadalajara... seguro un Ángel mandado por Yahvé... desde ese lugar montañoso, frío, denigrante, sucio...el lugar de la **flagelación le llamé yo.**

En Geografía; **JUDEA** es una región árida y montañosa, que en gran parte se considera un desierto. Mi desierto...

JUDEA, siendo una región **MONTAÑOSA Y DESÉRTICA**, se relaciona en mi vida con las **MONTAÑAS** difíciles de subir, como mi relación con los demás, por las tribulaciones, por las persecuciones, por el temor del engaño, por la soberbia de pensar que nadie es digno de ser mi amigo **Y DESÉRTICA** por mis terribles momentos de soledad, de sed, de dolor...persecución; y miedo, mucho miedo, de mi inmadura necesidad de afecto, y gran dolor por la murmuración en mi contra...

"SEÑOR TÚ ME HAS PROBADO...

PERSECUCIÓN

Me mantuviste Padre Dios en la prueba; reafirmando mí historia, con la característica ingratitud no en los bienes sino en la murmuración... en la turbulenta forma de identificarme en mi relación con los demás... continuas **mi ÉXODO... el caminar por el desierto...**

---

[5] (Nueva Biblia de JERUSALEN)
[6] (Nueva Biblia de JERUSALEN)

> …"Toda la comunidad de los israelitas murmuró contra Moisés y Aarón en el desierto. Decían: "¡Ojalá hubiéramos muerto a manos de Yahveh en el país de Egipto cuando nos sentábamos junto a la olla de carne, y comíamos pan hasta hartarnos! Nos habéis traído a este desierto para matar de hambre a toda esta asamblea." [7]**Éxodo 16,2-3**

¿PARA QUÉ? Me permitiste caminar en este desierto del dolor y el hambre?

Para reconocer que no soy nada, **que todo mi DIOS, es tuyo**, que lo has hecho bien… mi DIOS, solo por tu GRAN AMOR.

Y sigue la lucha, porque la vida de una adolescente violada, no se termina con la violación; es ahí donde empieza: la revisión del médico para corroborar el hecho, las burlas de los médicos asistentes que "si ella los provocó", "que si es verdad o mentira"; la vergüenza de presentarte ante tus padres, ante tus hermanos, y luego la agresión psicológica de una de mis hermanas, con palabras hirientes ; "te lo merecías", "eres una perdida", "qué bueno que te pasó" etc…y vivir así durante 2 años, hasta que los rezos de mamá intercedieron para que me encontrará por primera vez contigo; Mi Dios! En aquella oración de Renovación Carismática del Espíritu Santo y en la que me regalaste esta palabra:

> **Jeremías 31,1-3** "En aquel tiempo-- oráculo del Yahvé-- *seré el Dios de todas las familias de Israel, y ellos serán mi pueblo. E*sto *dice* Yahvé: Halló gracia en **el desierto** el pueblo que se libró de la espada; va a su descansoIsrael, de lejos Yahvé se le apareció,"*con amor eterno te he amado; por eso te he reservado mifavor. Te reedificaré, y quedarás reedificada, doncella capital de Israel; volverás a hermosearte con tus adufes, y saldrás a bailar entre gentes festivas.*
>
> [8] ÉXODO 31,1-4

Y así continuo caminando en el Desierto, volví a vivir, a tener esperanza, alegría y un poco de paz…aprendí a vivir en la esperanza de que algún día me regalaras un hombre bueno! Me enseñaste a Confiar en ti…y me enseñaste muy bien!

Aún con mis debilidades y flaquezas, pero para esa debilidad te encontré a TI, porque tu Padre Mío me conoces desde antes de nacer, y porque así **mi DIOS, recupere la confianza en TI, y descubrí que el Dios lejano y cruel era un engaño del maligno que estaba interesado en yo me olvidara de tu existencia y de tu Nombre!**

Recuperé la CONFIANZA y toda esperanza en mi dios…y así me recuerdas todos los días que puedo confiar en ti, que tu mi dios no me vas a defraudar.

---

[7] (Nueva Biblia de JERUSALEN)
[8] (Nueva Biblia de JERUSALEN)

Devolviéndole a mi vida la paz, con la certeza que tu mí DIOS, retribuyes a mi vida el ciento por uno. Y esta palabra tuya me regresa lo que mis hermanos me quitan. **Dignificando mi relación contigo** y dejando significativamente en mi interior plasmado tu amor, **EL AMOR SANTO** que solo **TÚ** das, pro viendo mi vida, mi trabajo, mi familia de bondad, gracia, de bienes y de amor.

Siguiendo con la geografía; del nombre **JUDEA VIENE EL TOPÓNIMO «JUDÍO».** El área fue el sitio del Antiguo **REINO DE JUDÁ**, el **REINO HASMONEO**, y más tarde el **REINO DE JUDEA,** una provincia del **IMPERIO ROMANO**.

Si de **JUDEA** viene el topónimo "Judíos", y **CRISTO JESÚS ES EL REY DE LOS JUDÍOS,** entonces **el mandato de predicar el evangelio por** toda **JUDEA**, me invita a creer en ese mandato, que empezó en un sueño de domingo de Resurrección...

En el que reafirmas esta invitación, con esta palabra:

> "Por último, estando a la mesa los once discípulos, se les apreció y les echó en cara su incredulidad y su dureza de corazón, por no haber creído a quien le había visto resucitado. Y les dijo: *"Id por todo el mundo y proclamad la Buena Nueva a toda la creación. El que crea y sea bautizado, se salvará; el que no crea, se condenará."*
>
> [9]MARCOS 16,14-18

El contexto de este evangelio; me recuerda que La Resurrección de JESÚS es verdadera, que muerto por mí en la Cruz, ahora resucita para sellar su ALIANZA, con su sangre. Y yo Ángeles estoy dispuesta a dar testimonio de lo que he visto y oído a ser testigo de su presencia en mi vida...gracias a su ESPÍRITU DADOR DE VIDA.

> "Él les contestó:" *No es cosa vuestra conocer el tiempo y el momento que el Padre ha fijado con su propia autoridad; al contrario, vosotros recibiréis una fuerza, cuando el Espíritu Santo, venga sobre vosotros, y de este modo seréis mis testigos, en Jerusalén, en toda JUDEA y Samaria, y hasta los confines de la tierra"* [10]HECHOS 1,7 s.

Me has tomado en serio, Mi DIOS y yo te creí...me has regresado mi dignidad, la dignidad de hija de Dios...por eso te amo Señor...y quiero seguirte y decirte SI! Por eso voy hasta **JUDEA**...

Los geógrafos dividen **JUDEA** en varias regiones: la colinas de Hebrón, Jerusalén, las colinas de Betel y el **desierto de Judea,** al este de Jerusalén, que desciende paulatinamente para el Mar Muerto.

---

[9]   (Nueva Biblia de JERUSALEN)
[10] (Nueva Biblia de JERUSALEN)

Y yo Ángeles divido mi propia **JUDEA** en mi entorno; mi trabajo, mi casa, mi persona y los roles que Dios me ha permitido desarrollar; esposa, mamá, cristiana, hija, hermana, maestra, directora, amiga… pero mis limitaciones y mis debilidades no me dejan avanzar…

Pero Dios le ha dicho a mí historia:

> "Ahora, así dice Yahvé, el que te ha creado, Jacob, el que te ha plasmado, Israel. "**No temas, que yo te he rescatado, te llamé por tu nombre, y eres mío. Si cruzas las aguas, yo estoy contigo, si pasas por los ríos, no te hundirás. Si andas sobre brasas, no te quemarás, la llama no te abrasará. Porque yo soy Yahvé tu Dios, el Santo de Israel, tu salvador. Entregué a Egipto como rescate por ti, a Cus y Sebá en tu lugar, dado que eres precioso a mis ojos, eres estimado y yo te amo.** "[11]*Isaías* **43, 1-4"**

Y deje así de vivir en la oscuridad para recuperar la luz…y en la Geografía de mi vida entraste Tu, mi Dios…para recuperar el tiempo perdido, dejar de deambular y perder el tiempo en el rechazo de tus preceptos y la ley que pensé era una farsa…la ley de mi Dios que aprendí en mi religiosidad natural, en mis ideologías paganas, "iluminadas" por la sabiduría científica, frívola y mundana. Dejé todo atrás…

TODO aquello que me impedía seguirte libremente y te amé, te glorifique, en mis entrañas te plasme y con gran amor al RECONOCERTE empecé a Alabarte con alegría a Salmodiar para TI!

> "Venid, cantemos gozosos a Yahvé,
> Aclamemos a la Roca que nos salva;
> Entremos en su presencia dándole gracias. Aclamándolo con Salmos!
> Porque un gran Dios es Yahvé,
> Rey grande sobre todos los dioses; él sostiene las honduras de la tierra, suyas son las cumbres de los montes; suyo el mar que el mismo hizo, La tierra firme que formaron sus manos.
> Entrad rindamos homenaje inclinados, ¡Arrodillados ante Yahvé que nos creó! Porque él es nuestro Dios.Nosotros somos su pueblo, el rebaño de sus pastos.
>
> ¡Ojalá escuchéis hoy su voz! "No seáis tercos como en Meribá, como el día de Masá en el desierto, allí vuestros padres me probaron, me tentaron aunque vieron mis obras. Cuarenta años me asqueó esa generación; y dije: Son gente de mente desviada que no reconocen mis caminos. Por eso juré en mi cólera; ¡No entrarán en mi reposo!"[12]**SALMO 95**

---

[11] (Nueva Biblia de JERUSALEN)
[12] (Nueva Biblia de JERUSALEN)

Pues Él con mano poderosa ha intervenido en mi historia...como en antiguo...

Con el pueblo de Israel... Y no se ha quedado ahí...como al pueblo de Israel le prometió un libertador el de la antigua Alianza; pactando una NUEVA ALIANZA....

Jeremías 31:31-34

"Van a llegar días —oráculo de Yahvé— en que yo pactaré con la casa de Israel (y con la casa de JUDA) una nueva alianza; no como la alianza que pacté con sus padres, cuando los tomé de la mano para sacarlos de Egipto, pues ellos rompieron mi Alianza y yo hice estrago en ellos _oráculo e Yahvé_ Sino que esta será la Alianza que yo pacte con la Casa de Israel, después de aquellos días _oráculo de Yahvé_; pondré mi ley en su interior, y sobre sus corazones la escribiré, y yo seré su Dios y ellos scrán mi pueblo. Ya no tendrán que adoctrinarse entre sí, unos a otros diciendo: "Conoced a Yahvé, pues todos ellos me conocerán, del más chico al más grande _oráculo de Yahvé_, cuando perdone su culpa y de su pecado no vuelva a acordarme »[13]

De ahí que atravesando el Jordán, el río de mis iniquidades...

Llego a **Belén**... Ya que el Nuevo Testamento, la "nueva" Alianza, coloca a Jesús en el lugar que, en la mentalidad **JUDÍA,** debía ocupar la **Ley (corazón de la Alianza).**

Y así pacta conmigo: LA NUEVA ALIANZA: JESUCRISTO

---

[13] (Nueva Biblia de JERUSALEN)

El es mi Dios,
y yo su pueblo...

ÉL es mi DIOS y yo su PUEBLO...

(Dibujo hecho a lápiz por Susana del Socorro Gutiérrez López 8 feb 1972 / 22 Nov 2008, mi hermana de sangre menor, que en Paz descanse)

CAPITULO II

BELÉN DE JUDEA

CIUDAD DONDE NACIÓ **JESÚS**

*"...Nacido **Jesús en Belén de Judea,** en tiempos del rey Herodes, unos magos que venían del Oriente se presentaron en a Jerusalén, diciendo: "¿Dónde está el rey de los judíos que ha nacido? Pues vimos su estrella en el Oriente y hemos venido a adorarle". Al oírlo, el rey Herodes se sobresaltó, y con él toda Jerusalén. Convocando, a todos los sumos sacerdotes y escribas del pueblo, les preguntaba dónde había de nacer el Cristo. Ellos le dijeron: "En **Belén de Judea,** porque así está escrito por el profeta:

*Y tú, **Belén, tierra de Judá**, no eres no la menor entre los principales clanes de **Judá**; porque de ti saldrá un caudillo que apacentará a mi pueblo, Israel."[14]**Mt 2,1-6**

BELÉN (JUDEA) BELÉN ES UNA CIUDAD DE <u>CISJORDANIA</u> bajo control de la <u>Autoridad Nacional Palestina</u>, situada en los montes de <u>JUDEA</u>. Su nombre proviene del <u>hebreo</u> מחלתי בית, Beithlehem, CASA DEL PAN. La población de Belén, la mayoría<u>cristianos</u>. Perteneciente a la tribu de <u>JUDÁ</u>, s.catholic.net/

Y... PRECISAMENTE AQUÍ **EN BELÉN** FUE LA ALDEA EN LA QUE **NACIÓ JESÚS**

"Subió también José desde Galilea, de la ciudad de Nazaret, a **Judea**, a la ciudad de David, que se llama Belén, por ser él de la casa y familia de David, para empadronarse con María, su esposa, que estaba encinta. Mientras estaban allí, se le cumplieron los días del alumbramiento y dió a luz a su hijo primogénito, y lo envolvió en pañales, y lo acostó en un pesebre, porque no tenían sitio en el albergue. Había en la misma comarca unos pastores, que dormían al raso y vigilaban por turno durante la noche sobre su rebaño. Se les presentó el Ángel del Señor, la gloria del Señor los envolvió en su luz y se llenaron de temor. El ángel les dijo: "No temáis; pues os anuncio una gran alegría, que lo será ´para todo el pueblo: os ha nacido hoy, en la ciudad de David, un Salvador, que es el **Cristo Señor;** y esto os servirá de señal: encontraréis un niño envuelto en pañales y acostado en un pesebre."[5]**Mateo 2, 1-6**

---

[14] (Nueva Biblia de JERUSALEN)

Este es el lugar donde los profetas habían anunciado que nacería El Mesías. <u>Miqueas</u> 5, 1 y s "el tiempo en que la madre dé a luz. Más tú, **Belén** Efratá, aunque eres la menor entre las familias de Judá, de ti me ha de salir aquel que ha de dominar en Israel, y cuyos orígenes son de antigüedad, desde los días de antaño. Por eso él los abandonará hasta el tiempo en que dé a luz la que ha de dar a luz. Entonces el resto de sus hermanos volverá a los hijos de Israel"

SAN LUCAS 2, 1-12 "EWTN FE textos bíblicos con referencia mariana.[6]

MARIA EN JUDEA...

Así la **NUEVA ALIANZA DE DIOS** con la humanidad **En la sangre de Cristo** Lucas. 22,20

"De igual modo, después de cenar, tomo la copa, diciendo: en mí sangre, que se derrama por vosotros".

Se abría así; **la Nueva Alianza** hacia todos los pueblos y naciones, hasta los extremos y confines de la tierra... yo...seguía con el mandato de mí sueño...pero ahora de la mano de María, Madre de Dios y Madre Nuestra!

María me ha tomado de la mano para caminar los caminos de Salvación...

MISTERIO DE LA VISITACIÓN; PRELUDIO DE LA MISION DEL SALVADOR.

LA VISITACION DE LA VIRGEN A SANTA ISABEL

Catequesis de Juan Pablo II la visitación y el magníficat (Lc 1,39-56)

"En aquellos días, se **levantó** María y se fue con prontitud a la región montañosa, a una ciudad de **Judá;** entró en casa de Zacarías y saludó a Isabel. Y sucedió que, en cuanto oyó Isabel el saludo de María, saltó de gozo el niño en su seno, e Isabel quedó llena de Espíritu Santo; y exclamando con gran voz, dijo: «Bendita tú entre las mujeres y bendito el fruto de tu seno; y ¿de dónde a mí que la madre de mi señor venga a mí? porque, apenas llegó a mis oídos la voz de tu saludo saltó de gozo el niño en mi seno. ¡Feliz la que ha creído que se cumplirían las cosas que le fueron dichas de parte del señor!» y dijo María: **«proclama mi alma la grandeza del Señor, se alegra mi espíritu en Dios mi Salvador; porque ha mirado la humillación de su esclava. Desde ahora me** felicitarántodas las generaciones, porque el poderoso ha hecho obras grandes por mí; su nombre es Santo, y su misericordia llega a sus fieles de generación en generación. Él hace proezas con su brazo: dispersa a los soberbios de corazón, derriba del trono a los poderosos y enaltece a los humildes, a los hambrientos los colma de bienes y a los ricos los despide vacíos. Auxilia a Israel, su siervo, acordándose de la misericordia -como lo había prometido a nuestros padres- en favor de Abraham y sudescendencia..." Él hace proezas con su brazo; dispersa a los soberbios de corazón; derriba del trono a los poderosos y enaltece a los humildes; a los hambrientos los colma de bienes y a los ricos los despide vacíos"» (Lc 1,51-53).

Con su lectura sapiencial de la historia, María nos lleva a descubrir los criterios de la misteriosa acción de Dios. "El señor, trastrocando los juicios del mundo, viene en auxilio de los pobres y los pequeños, en perjuicio de los ricos y los poderosos, y, de modo sorprendente, colma de bienes a los humildes, que le encomiendan su existencia". Lucas describe la salida de la Virgen María hacia **Judea,** utilizando el verbo: "se levantó" que significa, ponerse en movimiento. Considerando que este verbo se usa en los evangelios para indicar la resurrección de Jesús (lc 24,7.46). María se dirige de Galilea a **Judea**, significativamente como el camino misionero de Jesús. Y así con la visita a su prima Isabel, María introduce la Misión de Jesucristo.

Iniciándose desde el SÍ...FIAT!!! Hágase en mí según tu palabra!

« María respondió al ángel: '¿cómo será esto, puesto que no conozco varón? El ángel le respondió: 'el espíritu santo vendrá sobre ti y el poder del altísimo te cubrirá con su sombra; por eso el que ha de nacer será santo y será llamado Hijo de Dios... Dijo María: 'he aquí la esclava del señor; **hágase en mí según tu palabra.'** y el ángel dejándola se fue. » **Lc 1,38 Catequesis de Juan Pablo II La visitación y el Magníficat**

María nos ha regalado con su maternidad al Salvador Jesucristo y así se dona al género humano como la Madre del Hijo de Dios...y así María llegó a mi vida...como en los primeros años del cristianismo...

Ella toda humildad, se convierte en el modelo a seguir, con su Hijo Jesús desde antaño...hasta todos los tiempos, tu tiempo, mi tiempo; nuestro tiempo...

Y en la vida de los apóstoles JUDEA también representó un reto evangelizador como formadores y catequizadores de los primeros cristianos, de la mano angelical e intercesora de MARIA...

MARIA EN LA ADVOCACION DE NUESTRA SEÑORA DEL CARMEN

Diciembre 20, 2004
Vacaciones de Navidad.

Nos encontrábamos en San Diego California, en casa de mi sobrina Verónica.

Toda la semana ha sido difícil, pues pronto se acerca Navidad, y aun no sabemos que traerá el Niño Dios a los niños, además tenemos la presión del gasto de los seis boletos de avión para regresar a Guadalajara.

El viaje lo hicimos, para acompañar a mi mamá a su sesión de conteo de células cancerígenas.

A las 4:00 de la mañana me despierto con un dolor de cabeza intenso, así como el dolor del pecho, como si fuera a tener un infarto.

Despierto a mi esposo y le digo que estoy muy preocupada, que no puedo dormir porque no sé qué va a pasar con nuestra situación económica.

Él habla conmigo, trata de tranquilizarme, lloro un poco y vuelvo a dormir. Toda esa semana estaba yo leyendo "La historia de las apariciones de la Santísima Virgen de Guadalupe".

Antes de dormir hicimos un poco de oración, y al quedarme dormida **empecé a soñar con un templo donde estaba el Padre Marcos de Alba que nos casó, había un altar en el centro del templo, un crucifijo, y un grupo de música, en el que estaban mis hermanos y hermanas, en el que estaban cantando las mañanitas a la Virgen del Carmen.**

Yo tomé un micrófono y empecé a invitar a las personas que participaban de la misa, a que **aplaudieran a la Virgen** porque era su día.

En mi sueño, yo no vi a la Virgen, solo el altar, el padre, el crucifijo. No estaba María en el templo, pero le estábamos cantando a ella… Era una velada muy animada.

Al despertar, había desaparecido el dolor de cabeza y del pecho, y la angustia que tenía se había esfumado.

Empecé a investigar con mis sobrinos(as), mis hermanas, mis papás, sobre la **Virgen del Carmen** y solo mi madre supo decirme algo. Así, al no conocer nada sobre **la Virgen del Carmen**, empecé a investigar, en internet, en casa, en donde había oportunidad.

Así me di cuenta que **María me estaba llamando**, que mi vida podía consagrarla a ella, que podía quitar la podredumbre de mi interior y entregarme a ella.

Poco a poco, se ha involucrado en mi vida, en la de mis hijos, mi esposo y mi familia. En el CENER tenemos un oratorio dedicado a ella y la nombramos nuestra patrona y protectora. Tal vez para algunos eso sea solo un sueño, pero para mí, ¡la Virgen del Carmen ahora es mi realidad!

ORACION

Marzo 02 2005

MI SEÑORA DEL CARMEN,

MADRE DE LOS POBRES,

MADRE DE LOS NECESITADOS,

MADRE DE LOS MÁS INDEFENSOS...

ESTOY AQUÍ MADRECITA, CON UN CÚMULO DE NECESIDADES!

MIS MÁS GRANDES ANHELOS, MI ETERNO DOLOR... MI ANDAR, MI TRISTEZA, MI AFAN POR SEGUIRTE...

¿SABES MADRE? MI ALMA TE PIDE, A GRITOS:

PAZ; TU BENDITA PAZ,

AMOR; EL GRAN AMOR QUE SIN PENSAR NOS DISTE.

PACIENCIA; ESA PACIENCIA QUE TE ACOMPAÑÓHASTA LA CRUZ.

HUMILDAD;¡TU GRAN HUMILDAD!

SENCILLEZ; LA SENCILLEZ DE TU DIVINIDAD,

LUZ; TU LUZ, LA LUZ DE TU HIJO.

FORTALEZA; LA QUE TE SOSTUVO, EN ESE CAMINAR, DEL CAMINO A BELÉN, A JERUSALEN, ¡A DIOS!

ESPERANZA; LA QUE NOS TRAJO JESÚS,

PERDÓN; EL QUE SIN PENSAR NOS REGALA EL AMOR...!
TU BENDITO AMOR, NUESTRO: SEÑOR!
Amen

También en **Judea** tuvo lugar los primeros milagros de Jesús y sus predicaciones...

MI MATRIMONIO

JESÚS principia su ministerio... y él los sanó. Le siguieron grandes multitudes de Galilea, de decápolis, de Jerusalén, de JUDEA y del otro lado del Jordán. Entonces los fariseos se acercaron a él para probarle, diciendo: — ¿Le es lícito al hombre divorciarse de su mujer por cualquier razón? El respondió y dijo:

> "¿No habéis leído que el Creador, desde el comienzo, los hizo, varón y hembra, y que dijo: **Por eso el dejará el hombrea su padre y madre, y se unirá a sumujer**, y los dos, sino una sola carne. Pues bien, lo que Dios unió, no lo separe el hombre." **San Mateo 19:4-6** [15]

Y se hace vida en mí, la palabra: "Dejará a su padre y a su madre..." Dios me ha regalado a mi ESPOSO...al hombre que siempre esperé!

Al que en mis tristezas, angustias y dolores le pedí en oración.

El Señor me escuchó a pesar de mi indiferencia, de mis flaquezas y debilidades; me escuchó!

Convirtiéndose en mi acompañante por los caminos de mi conversión...Sosteniéndome y levantándome poco a poco...Delante de mí! Por amor...como **Juan el Bautista**; por amor!... aparece en mi **JUDEA**!

San Juan Bautista también hace su aparición en **Judea...**

> "En el año quince, del imperio de Tiberio César, siendo Poncio Pilato procurador de **Judea;** Herodes tetrarca de Galilea; Filipo su hermano, tetrarca de Iturea y de Traconítida, y Lisanias tetrarca de Abilene; en el pontificado de Anás y Caifás, fue dirigida la palabra de Dios a Juan, hijo de Zacarías en el desierto. Y se fue por toda la región del Jordán proclamando un bautismo de conversión para perdón de los pecados, como está escrito como está escrito en los libros de los oráculos del profeta Isaías: *Voz del que clama en el desierto: preparad el camino del Señor; enderezad sus sendas; todo barranco será rellenado, todo monte y colina será rebajado, lo tortuoso será recto y las asperezas serán caminos llanos. Y todos verán la salvación de Dios*" **San Juan 3, 1-6**[16]

Los Reyes Magos en Judea...También los Reyes Magos tuvieron su aparición en **Judea...**

> "Nacido Jesús en **Belén de Judea,** en tiempo del rey Herodes, unos magos que venían del Oriente se presentaron en Jerusalén, diciendo: "Dónde está el rey de los judíos, que ha nacido? Pues vimos su estrella

---

[15] (Nueva Biblia de JERUSALEN)
[16] (Nueva Biblia de JERUSALEN)

en el Oriente y hemos venido a adorarle." Al oírlo el rey Herodes se sobresaltó y con él toda Jerusalén. Convocando a todos los sumos sacerdotes y escribas del pueblo, les preguntaba donde había de nacer el Cristo. Ellos le dijeron: "En **Belén de Judea**; porque así está escrito por el profeta:

*"y tú, **Belén, tierra de Judá**, no eres, no, la menor entre los principales clanes de **Judá**; porque de ti saldrá un caudillo, que apacentará a mi pueblo Israel"* **Mateo 2:1-6".**[17]

Y **San Pablo;** ferviente siervo de Dios; también caminó por las tierras de **JUDEA**, como fiel evangelizador...como explica su carta a los Gálatas:

"Personalmente no me conocían las iglesias de Cristo en Judea. Solamente habían oído decir: "El que antes nos perseguía ahora anuncia la buena nueva de la fe que entonces quería destruir". Y glorificaban a Dios por mi causa. **Gálatas 1,22-24**[8]

En este texto de romanos; San Pablo evangeliza con FE...

"en virtud de signos y prodigios, en virtud del Espíritu de Dios, tanto que desde Jerusalén y su comarca hasta Iliria he dado cumplimiento al evangelio de Cristo;" Romanos 15,19[18]

Y San Pablo continuó anunciando a Jesucristo...desde Judea hasta Roma...Todo un acontecimiento de **conversión, anuncio** y **transmisión de la FE.**

Desde antiguo hasta estos días, con nuestros Pastores...**desde Pedro hasta Benedicto XVI...**

25 FRASES DE LA "PORTA FIDEI" DE BENEDICTO XVI ANUNCIANDO EL **AÑO DE LA FE**

Para quienes no han tenido oportunidad de leer completa la "Porta Fidei" aquí un breve resumen hermoso. En este resumen nuestro **Papa Benedicto XVI convoca al año dela fe que Comenzará el 11 de octubre de 2012**, en el cincuenta aniversario de la apertura del Concilio

---

[17] (Nueva Biblia de JERUSALEN)
[18] **(Nueva Biblia de JERUSALEN)**

Vaticano II, y terminará en la solemnidad de Jesucristo, Rey del Universo, el 24 de noviembre de 2013...

25 frases de la Porta fidei de Benedicto XVI anunciando el Año de la Fe.

1.«La puerta de la fe» (cf. Hch 14, 27), que introduce en la vida de comunión con Dios y permite la entrada en su Iglesia, está siempre abierta para nosotros. Se cruza ese umbral cuando la Palabra de Dios se anuncia y el corazón se deja plasmar por la gracia que transforma. Atravesar esa puerta supone emprender un camino que dura toda la vida.

La necesidad de la fe ayer, hoy y siempre

2.- Profesar la fe en la Trinidad –Padre, Hijo y Espíritu Santo –equivale a creer en un solo Dios que es Amor (cf. 1 Jn 4, 8): el Padre, que en la plenitud de los tiempos envió a su Hijo para nuestra salvación; Jesucristo, que en el misterio de su muerte y resurrección redimió al mundo; el Espíritu Santo, que guía a la Iglesia a través de os siglos en la espera del retorno glorioso del Señor.

3.- Sucede hoy con frecuencia que los cristianos se preocupan mucho por las consecuencias sociales, culturales y políticas de su compromiso, al mismo tiempo que siguen **considerando la fe como un presupuesto obvio de la vida común**. De hecho, este presupuesto no sólo no aparece como tal, sino que incluso con frecuencia es negado. Mientras que en el pasado era posible reconocer un tejido cultural unitario, ampliamente aceptado en su referencia **al contenido de la fe** y a los valores inspirados por ella, hoy no parece que sea ya así en vastos sectores de la sociedad, a causa de una profunda **crisis de fe** que afecta a muchas personas. No podemos dejar que la sal se vuelva sosa y la luz permanezca oculta (cf. Mt 5, 13-16). Como la samaritana, también el hombre actual puede sentir de nuevo la necesidad de acercarse al pozo para escuchar a Jesús, que invita a creer en él y a extraer el agua viva que mana de su fuente (cf. Jn 4, 14).

4.- Debemos descubrir de nuevo el gusto de alimentarnos con la Palabra de Dios, transmitida fielmente por la Iglesia, y el Pan de la vida, ofrecido como sustento a todos los que son sus discípulos (cf. Jn 6, 51). **Creer en Jesucristo es, por tanto, el camino para poder llegar de modo definitivo a la salvación.**

Vigencia y valor del Concilio Vaticano II

5- Las enseñanzas del Concilio Vaticano II, según las palabras del beato **Juan Pablo II**, «no pierden su valor ni su esplendor. Es necesario leerlos de manera apropiada y que sean conocidos y asimilados como textos cualificados y normativos del Magisterio, dentro de la Tradición de la Iglesia. [...] Siento más que nunca el deber de indicar el Concilio como la gran gracia de la que la Iglesia se ha beneficiado en el siglo XX. Con el Concilio se nos ha ofrecido una brújula segura para orientarnos en el camino del siglo que comienza». Yo también deseo reafirmar con fuerza lo que dije a propósito del Concilio pocos meses después de mi elección como Sucesor de Pedro: «Si lo leemos y acogemos guiados por una hermenéutica correcta, puede ser y llegar a ser cada vez más una gran fuerza para la renovación siempre necesaria de la Iglesia».

La renovación de la Iglesia es cuestión de fe

6. La renovación de la Iglesia pasa también a través del testimonio ofrecido por la vida de los creyentes: con su misma existencia en el mundo, los cristianos están llamados efectivamente a hacer resplandecer la Palabra de verdad que el Señor Jesús nos dejó.

7.- En esta perspectiva, **el Año de la fe** es una invitación a una auténtica y renovada conversión al Señor, único Salvador del mundo. Dios, en el misterio de su muerte y resurrección, ha revelado en plenitud el Amor que salva y llama a los hombres a la conversión de vida mediante la remisión de los pecados (cf. Hch 5, 31). Para el apóstol Pablo, este Amor lleva al hombre a una nueva vida.

La fe crece creyendo

8. «Caritas Christi urget nos» (2 Co 5, 14): es el amor de Cristo el que llena nuestros corazones y nos impulsa a evangelizar. **Hoy como ayer, él nos envía por los caminos del mundo para proclamar su Evangelio a todos los pueblos de la tierra (**cf. Mt 28, 19). Con su amor, Jesucristo atrae hacia sí a los hombres de cada generación: en todo tiempo, convoca a la Iglesia y le confía el anuncio del Evangelio, con un mandato que es siempre nuevo. Por eso, también hoy es necesario un compromiso eclesial más convencido en favor de una nueva evangelización para redescubrir la alegría de creer y volver a encontrar el entusiasmo de **comunicar la fe.**

9.- La fe, en efecto, crece cuando se vive como experiencia de un amor que se recibe y se comunica como experiencia de gracia y gozo. Nos hace fecundos, porque ensancha el corazón en la esperanza y permite dar un testimonio fecundo: en efecto, abre el corazón y la mente de los que escuchan para acoger la invitación del Señor a aceptar su Palabra para ser sus discípulos. Como afirma san Agustín, los creyentes «se fortalecen creyendo».

Profesar, celebrar y testimoniar la fe públicamente

10.- Redescubrir los **contenidos de la fe** profesada, celebrada, vivida y rezada, y reflexionar sobre el mismo acto con el que se cree, es un compromiso que todo creyente debe de hacer propio, sobre todo en este Año.

11.- El cristiano no puede pensar nunca que creer es un hecho privado. **La fe es decidirse a estarcon el Señor para vivir con él.** Y este «estar con él» nos lleva a comprender las razones por las que se cree. **La fe, precisamente porque es un acto de la libertad**, exige también la responsabilidad social de lo que se cree.

12.- No podemos olvidar que muchas personas en nuestro contexto cultural, aun no reconociendo en ellos **el don de lafe**, buscan con sinceridad el sentido último y la verdad definitiva de su existencia y del mundo. Esta búsqueda es **un auténtico «preámbulo» de la fe,** porque lleva a las personas por el camino que conduce al misterio de Dios. La misma razón del hombre, en efecto, lleva inscrita la exigencia de «lo que vale y permanece siempre.

La utilidad del Catecismo de la Iglesia Católica

13. Para acceder a un conocimiento sistemático del contenido de la **fe**, todos pueden encontrar en el Catecismo de la Iglesia Católica un subsidio precioso e indispensable. Es uno de los frutos más importantes del Concilio Vaticano II.

14.- Precisamente en este horizonte, **el Año de la fe** deberá expresar un compromiso unánime para redescubrir y estudiar los contenidos fundamentales de la fe, sintetizados sistemática y orgánicamente en el Catecismo de la Iglesia Católica.

15.- En su misma estructura, el Catecismo de la Iglesia Católica presenta **el desarrollo de la fe** hasta abordar los grandes temas de la vida cotidiana. A través de sus páginas se descubre que todo lo que se presenta no es una teoría, sino el encuentro con una Persona que vive en la Iglesia. **A la profesión de fe**, de hecho, sigue la explicación de la vida sacramental, en la que Cristo está presente y actúa, y continúa la construcción de su Iglesia. Sin la liturgia y los sacramentos, la profesión de fe no tendría eficacia, pues carecería de la gracia que sostiene el testimonio de los cristianos. Del mismo modo, la enseñanza del Catecismo sobre la vida moral adquiere su pleno sentido cuando se pone en **relación con la fe**, la liturgia y la oración.

16. Así, pues, el Catecismo de la Iglesia Católica podrá ser en este Año un verdadero instrumento de **apoyo a la fe,** especialmente para quienes se preocupan por la formación de los cristianos, tan importante en nuestro contexto cultural.

17.- Para ello, he invitado a la Congregación para **la Doctrina de la Fe** a que, de acuerdo con los Dicasterios competentes de la Santa Sede, redacte una Nota con la que se ofrezca a la Iglesia y a los creyentes algunas indicaciones para vivir **este Año de la fe** de la manera más eficaz y apropiada, ayudándoles a creer y evangelizar.

18.- La fe está sometida más que en el pasado a una serie de interrogantes que provienen de un cambio de mentalidad que, sobre todo hoy, reduce el ámbito de las certezas racionales al de los logros científicos y tecnológicos. Pero la Iglesia nunca ha tenido miedo de mostrar cómo entre la fe y la verdadera ciencia no puede haber conflicto alguno, porque ambas, aunque por caminos distintos, tienden a la verdad.

Recorrer y reactualizar la historia de la fe

19. A lo largo de este Año, será decisivo volver a recorrer **la historia de nuestra fe**, que contempla el misterio insondable del entrecruzarse de la santidad y el pecado. Mientras lo primero pone de relieve la gran contribución que los hombres y las mujeres han ofrecido para el crecimiento y desarrollo de las comunidades a través del testimonio de su vida, lo segundo debe suscitar en cada uno un sincero y constante acto de conversión, con el fin de experimentar la misericordia del Padre que sale al encuentro de todos.

20.- Durante este tiempo, tendremos la mirada fija en Jesucristo, «que inició y completa nuestra fe» (Hb 12, 2): en él encuentra su cumplimiento todo afán y todo anhelo del corazón humano. La alegría del amor, la respuesta al drama del sufrimiento y el dolor, la fuerza del perdón ante la ofensa recibida y la victoria de la vida ante el vacío de la muerte, todo tiene su cumplimiento en el misterio de su Encarnación, de su hacerse hombre, de su compartir con nosotros la debilidad humana para transformarla con el poder de su resurrección. En él, muerto y resucitado por nuestra salvación, se iluminan plenamente los ejemplos de fe que han marcado los últimos dos mil años de nuestra historia de salvación.

No hay fe sin caridad, no hay caridad sin fe

21.-. **El Año de la fe** será también una buena oportunidad para intensificar el testimonio de la caridad. San Pablo nos recuerda: «Ahora **subsisten la fe**, la esperanza y la caridad, estas tres. Pero la mayor de ellas es la caridad» (1 Co 13, 13). Con palabras aún más fuertes —que siempre atañen a los cristianos—, el apóstol Santiago dice: «¿De qué le sirve a uno, hermanos míos, **decir que tiene fe,** si no tiene obras? **¿Podrá acaso salvarlo esa fe?** Si un hermano o una hermana andan desnudos y faltos de alimento diario y alguno de vosotros les dice: "Id en paz, abrigaos y saciaos", pero no les da lo necesario para el cuerpo, ¿de qué sirve? **Así estambién la fe:** si no se tienen obras, está muerta por dentro. Pero alguno dirá: "**Tú tienes fe** y yo tengo obras, **muéstrame esa fe** tuya sin las obras, y yo con mis obras **te mostraré la fe**"» (St 2, 14-18).

22.- **La fe sin la caridad no da fruto**, y la caridad **sin fe** sería un sentimiento constantemente a merced de la duda. **La fe y el amor se necesitanmutuamente**, de modo que una permite a la otra seguir su camino. En efecto, muchos cristianos dedican sus vidas con amor a quien está solo, marginado o excluido, como el primero a quien hay que atender y el más importante que socorrer, porque precisamente en él se refleja el rostro mismo de Cristo. **Gracias a la fe** podemos reconocer en quienes piden nuestro amor el rostro del Señor resucitado es compañera de vida que nos permite distinguir con ojos siempre nuevos las maravillas que Dios hace por nosotros. Tratando de percibir los signos de los tiempos en la historia actual, nos compromete a cada uno a convertirnos en un signo vivo de la presencia de Cristo resucitado en el mundo.

Lo que el mundo necesita son testigos de la fe

23.- Lo que el mundo necesita hoy de manera especial es el testimonio creíble de los que, iluminados en la mente y el corazón por la Palabra del Señor, son capaces de abrir el corazón y la mente de muchos al deseo de Dios y de la vida verdadera, ésa que no tiene fin.

24.- «Que la Palabra del Señor siga avanzando y sea glorificada» (2 Ts 3, 1): **que este Año de la fe** haga cada vez más fuerte la relación con Cristo, el Señor, pues sólo en él tenemos la certeza para mirar al futuro y la garantía de un amor auténtico y duradero.

25.- Las palabras del apóstol Pedro proyectan un último rayo de luz **sobre la fe:** «Por ello os alegráis, aunque ahora sea preciso padecer un poco en pruebas diversas; **así la autenticidad devuestra fe**, más preciosa que el oro, que, aunque es perecedero, se aquilata a fuego, merecerá premio, gloria y honor en la revelación de Jesucristo; sin haberlo visto lo amáis y, sin contemplarlo todavía, creéis en él y así os alegráis con un gozo inefable y radiante, **alcanzando**

así la meta de vuestra fe; la salvación de vuestras almas» (1 P 1, 6-9). La vida de los cristianos conoce la experiencia de la alegría y el sufrimiento. Cuántos santos han experimentado la soledad. Cuántos creyentes son probados también en nuestros días por el silencio de Dios, mientras quisieran escuchar su voz consoladora. Las pruebas de la vida, a la vez que permiten comprender el misterio de la Cruz y participar en los sufrimientos de Cristo (cf.Col 1, 24), son preludio de la alegría y la esperanza a **la que conduce la fe**: «Cuando soy débil, entonces soy fuerte» (2 Co 12, 10). Nosotros creemos con firme certeza que el Señor Jesús ha vencido el mal y la muerte. Con esta segura confianza nos encomendamos a él: presente entre nosotros, vence el poder del maligno (cf. Lc 11, 20), y la Iglesia, comunidad visible de su misericordia, permanece en él como signo de la reconciliación definitiva con el Padre.

Si deseas leer el documento completo sigue el siguiente enlace *Carta Apostólica en forma de "Motu Proprio" Porta fidei con la que se convoca el Año de la FE*

(http://www.vatican.va/holy_father/benedict_xvi/motu_proprio/documents/ hf_ben-xvi_motu-proprio_20111011_porta-fidei_sp.html)

Despúes de esta bella lección y catequesis de Fe, para vivir armoniosamente el año de la FE de parte de nuestro Pastor...BENEDICTO XVI

Me gustaría cerrar esta primera parte de YEHUDA; con broche de oro, invitándolos a vivir, experimentar y buscar una vida de FE, que siendo una de las virtudes teologales, se encuentra de la mano de la Esperanza y la Caridad... y como un gran precursor de la FE, te comparto lo que significa JUDEA para nuestro gran amigo siervo de Dios; JUAN PABLO II

> "MENSAJE DEL **SANTO PADRE PARA LA XVII** JORNADA MUNDIAL DE LA FAMILIA, QUE HACE MÁS DE 2000 AÑOS TUVO LUGAR EN UNA ALDEA LLAMADA **JUDEA**"......LA LIBERTAD, LA VIDA, LA FAMILIA, DIOS Y LA PERSONA HUMANA, EVANGELIZACIÓN, LOS JÓVENES LA CRUZ, SUFRIMIENTO, CONFIANZA EN DIOS, LA PAZ, LA VIRGEN MARÍA, LA ORACIÓN, EL ROSARIO, VIDA CONSAGRADA, FE Y RAZÓN, CONCILIO VATICANO II, ARTE, EUCARISTÍA, SANTIDAD, NAVIDAD, IGLESIA...

Este mensaje que encierra grandes verdades y formas de vida; pensamientos de JUAN PABLO II que han venido en mi rescate ante circunstancias, acontecimientos y en momentos de crisis y me han sostenido en mis relaciones familiares, humanas y sociales...

LA LIBERTAD

"SOLAMENTE LA LIBERTAD QUE SE SOMETE A LA VERDAD CONDUCE A LA PERSONA HUMANA A SU VERDADERO BIEN. EL BIEN DE LA PERSONA CONSISTE EN ESTAR EN LA VERDAD Y EN REALIZAR LA VERDAD". (**ENCÍCLICA. ESPLENDOR DE LA VERDAD JUAN PABLO II)**

En muchos acontecimientos de mi vida, cuando pensaba como el mundo; en circunstancias tan sencillas como decir sí o no; siempre decía que si, aunque no pudiera, no aceptara, o no quisiera; porque tenía miedo de que pensaran tal o cual cosa de mí, poco a poco el Señor ha salido victorioso en mis momentos difíciles de ser asertivo…y aprendí gracias a Él a hablar con la verdad…

Mateo 5, 36-37 "Ni tampoco jures porque ni a uno solo de tus cabellos puedes hacerlo blanco o negro. Sea vuestro lenguaje "Si, sí," "no, no"; que lo que pasa de aquí viene del maligno."[19]

LA VIDA

"LA VIDA HUMANA DEBE SER RESPETADA Y PROTEGIDA DE MANERA ABSOLUTA DESDE EL MOMENTO DE LA CONCEPCIÓN. DESDE EL PRIMER MOMENTO DE SU EXISTENCIA, EL SER HUMANO DEBE VER RECONOCIDOS SUS DERECHOS DE PERSONA, ENTRE LOS CUALES ESTÁ EL DERECHO INVIOLABLE DE TODO SER INOCENTE A LA VIDA" **JUAN PABLO II**

La vida es el regalo más preciado; la vida le pertenece a Dios, en una de mis peores etapas cuando la crisis existencial hacia sobrepeso en mi corazón…pasó por mi cabeza la idea del suicidio… Pero Dios en su gran Omnipotencia y Amor ha tenido Misericordia de mí…

LA FAMILIA

"A UNA FAMILIA QUE HACE ORACIÓN NO LE FALTARÁ NUNCA LA CONCIENCIA DE LA PROPIA VOCACIÓN FUNDAMENTAL: LA DE SER UN GRAN CAMINO DE COMUNIÓN". **JUAN PABLO II**

Orar es una Gracia maravillosa; y en Familia hemos aprendido, a **agradecer**, bendecir, **reconocer** y glorificar a Dios también a pedir por los demás…experiencia maravillosa de unidad y crecimiento espiritual!

DIOS Y LA PERSONA HUMANA

"LA PERSONA HUMANA TIENE UNA NECESIDAD QUE ES AÚN MÁS PROFUNDA, UN HAMBRE QUE ES MAYOR QUE AQUELLA QUE EL PAN PUEDE SACIAR -ES EL HAMBRE QUE POSEE EL CORAZÓN HUMANO DE LA INMENSIDAD DE DIOS". **JUAN PABLO II**

---

[19] (Nueva Biblia de JERUSALEN)

Por muchos años; caminé hambrienta de una palabra de consuelo, de paz, de amor...y solo en Jesús la encontré...solo en Dios pude saciar mi alma, mi espíritu, mi corazón! La Gloria del amor de Dios Dignificó mi persona, regresándole a mi vida; La dignidad de HIJA de DIOS...

EVANGELIZACIÓN

"ACOMPAÑAD A VUESTROS ALUMNOS CON PACIENCIA Y SABIDURÍA; ESFORZAOS EN ABRIR SUS MENTES Y SUS CORAZONES A LA VERDAD Y AL BIEN, EDUCÁNDOLOS EN LA AUTÉNTICA JUSTICIA Y EN LA PAZ" **JUAN PABLO II**

Gran tarea la de la educación, gran misión la del acompañamiento educativo, formativo y evangelizador...Solo de la mano del Altísimo he podido responder comprometidamente a esta misión que Dios me ha encomendado...

LOS JÓVENES

"GRACIAS A TODOS LOS JÓVENES DE HABLA HISPANA. NO TEMAN RESPONDER GENEROSAMENTE AL LLAMADO DEL SEÑOR. DEJEN QUE SU FE BRILLE EN EL MUNDO, QUE SUS ACCIONES MUESTREN SU COMPROMISO CON EL MENSAJE SALVÍFICO DEL EVANGELIO!". **JUAN PABLO II**

(SALUDO FINAL DEL PAPA JUAN PABLO II A LOS PARTICIPANTES DE LA JMJ 2002 DOWNSVIEW LANDS, TORONTO, 28 DE JULIO 2002)

"También vosotros, queridos jóvenes, os enfrentáis al sufrimiento: la soledad, los fracasos y las desilusiones en vuestra vida personal; las dificultades para adaptarse al mundo de los adultos y a la vida profesional; las separaciones y los lutos en vuestras familias; la violencia de las guerras y la muerte de los inocentes. Pero sabed que en los momentos difíciles, que no faltan en la vida de cada uno, no estáis solos: como a Juan al pie de la Cruz, Jesús os entrega también a vosotros su Madre, para que os conforte con su ternura".

En los momentos de consejo, apoyo o ayuda para los jóvenes y adolescentes que en latarea de la educación que Dios me ha permitido acompañar, tengo la certeza del Espíritu de Dios, inexplicablemente en los momentos más difíciles Dios ha aparecido, cercano, gratuito, inmenso!

LA CRUZ

"DONDE SURGE LA CRUZ, SE VE LA SEÑAL DE QUE HA LLEGADO LA BUENA NOTICIA DE LA SALVACIÓN DEL HOMBRE MEDIANTE EL AMOR. DONDE SE LEVANTA LA CRUZ, ESTÁ LA SEÑAL DE QUE SE HA INICIADO LA EVANGELIZACIÓN". **JUAN PABLO II**

Juan Pablo II lo ha dicho bien; "Donde se levanta la cruz, está la señal de que se ha iniciado la evangelización". Allí en el crisol, en mi Cruz dió inicio la evangelización de mi nada, de mi pequeñez, donde pensé que ya nada tenía sentido...Allí donde creí que la carga era pesada; es donde más ligera se volvió...Porque la Cruz Gloriosa se encarnó en mis entrañas para Gloria y Alabanza del Creador...

EL SUFRIMIENTO

"GETSEMANÍ ES EL LUGAR EN EL QUE PRECISAMENTE ESTE SUFRIMIENTO, EXPRESADO EN TODA LA VERDAD POR EL PROFETA SOBRE EL MAL PADECIDO EN EL MISMO, SE HA REVELADO CASI ESPIRITUALMENTE ANTE LOS OJOS DE CRISTO". **JUAN PABLO II**

Muchas veces; cuando he sentido el dolor intenso por la incomprensión, la enfermedad, la ausencia, la murmuración, la envidia; viene el consuelo, el remedio para la purificación, para la incertidumbre, para el amor...allí en el sufrimiento y en la enfermedad por el vacío y la enajenación; apareciste Tu mi eterno Dios! Llevándome de la cruz a la redención!!!

CONFIANZA EN DIOS

"EN EL CORAZÓN DE CRISTO ENCUENTRA PAZ QUIEN ESTÁ ANGUSTIADO POR LAS PENAS DE LA EXISTENCIA; ENCUENTRA ALIVIO QUIEN SE VE AFLIGIDO POR EL SUFRIMIENTO Y LA ENFERMEDAD; SIENTE ALEGRÍA QUIEN SE VE OPRIMIDO POR LA INCERTIDUMBRE Y LA ANGUSTIA, PORQUE EL CORAZÓN DE CRISTO ES ABISMO DE CONSUELO Y DE AMOR PARA QUIEN RECURRE A ÉL CON CONFIANZA". **JUAN PABLO II**

Oh mi Señor, cuanto alivio y Amor he encontrado en tu Misericordia, tanto que aprender a CONFIAR en TI, es lo que le ha dado Vida y sentido a mi caminar...a mi soñar, a mi pensar! Te tengo a Ti, mi Dios ¡¿Qué más puedo desear?!

LA PAZ

"¡HOMBRES Y MUJERES DEL TERCER MILENIO! DEJADME QUE OS REPITA: ¡ABRID EL CORAZÓN A CRISTO CRUCIFICADO Y RESUCITADO, QUE VIENE OFRECIENDO LA PAZ! DONDE ENTRA CRISTO RESUCITADO, CON ÉL ENTRA LA VERDADERA PAZ". **JUAN PABLO II**

Caminé sin rumbo fijo, durante 40 años de mi vida como el Pueblo de Israel, cayendo, levantando, dando tumbos, recorriendo los caminos de un desierto interminable; buscando la paz en las utopías de mis propios proyectos; tratando de encontrar la paz, en la basura mundana...oh mi señor cuan equivocada estaba; la verdadera paz la tenía en TI, en tu Palabra!!!

LA VIRGEN MARÍA

"EL IR AL ENCUENTRO DE LAS NECESIDADES DEL HOMBRE SIGNIFICA, AL MISMO TIEMPO, SU INTRODUCCIÓN EN EL RADIO DE ACCIÓN DE LA MISIÓN MESIÁNICA Y DEL PODER SALVÍFICO DE CRISTO. POR CONSIGUIENTE, SE DA UNA MEDIACIÓN: MARÍA SE PONE ENTRE SU HIJO Y LOS HOMBRES EN LA REALIDAD DE SUS PRIVACIONES, INDIGENCIAS Y SUFRIMIENTOS. SE PONE "EN MEDIO", O SEA SE HACE MEDIADORA NO COMO UNA PERSONA EXTRAÑA, SINO EN SU PAPEL DE MADRE, CONSCIENTE DE QUE COMO TAL PUEDE -MÁS BIEN "TIENE EL DERECHO DE"- HACER PRESENTE AL HIJO LAS NECESIDADES DE LOS HOMBRES". **JUAN PABLO II**

María, mi amada María; ¿Quién sería yo sin tu voz intercesora? ¿Qué sería de mis dolores, mis quejas y quebrantos? ¿Qué sería de mí sino hubieses bajado hasta mi pequeñez, hasta mis penumbras y sinsabores? ¿Qué sería de mi corazón marchito y muerto? ¿Qué sería mi vida sino me hubieses rescatado del infierno?

LA ORACIÓN

"HOY SE EXALTA CON FRECUENCIA EL PLACER, EL EGOÍSMO, O INCLUSO LA INMORALIDAD, EN NOMBRE DE FALSOS IDEALES DE LIBERTAD Y FELICIDAD. LA PUREZA DE CORAZÓN, COMO TODA VIRTUD, EXIGE UN ENTRENAMIENTO DIARIO DE LA VOLUNTAD Y UNA DISCIPLINA CONSTANTE INTERIOR. EXIGE, ANTE TODO, EL ASIDUO RECURSO A DIOS EN LA ORACIÓN". **JUAN PABLO II**

Orar, el maravilloso Don que destierra la frivolidad!, Orar el máximo regalo de Dios para rescatarme de la incertidumbre y la necedad... Gracias Señor me has dado la excelente Gracia de aprender a Orar!

EL ROSARIO

"EN SU SENCILLEZ Y PROFUNDIDAD, SIGUE SIENDO TAMBIÉN EN ESTE TERCER MILENIO APENAS INICIADO UNA ORACIÓN DE GRAN SIGNIFICADO, DESTINADA A PRODUCIR FRUTOS DE SANTIDAD"". **JUAN PABLO II**

Muchas veces Padre Bueno te pedí la Gracia de la Santidad, para encontrarme contigo en la eternidad... muchas veces sollocé intranquila por mi exceso de soberbia y vanidad, buscando los frutos que solo Tú das...y me regalaste con paciencia y paz...aprender con el Santo Rosario a orar y a amar!

VIDA CONSAGRADA

"OS PIDO UNA RENOVADA FIDELIDAD, QUE HAGA MÁS ENCENDIDO EL AMOR A CRISTO, MAS SACRIFICADA Y ALEGRE VUESTRA ENTREGA, MÁS HUMILDE VUESTRO SERVICIO". **JUAN PABLO II**

Cuando era adolescente buscaba afanosamente convertirme en tu sierva, ya sea en la misión o en la catequesis infantil, quería por fuerza ser tuya en la misión de evangelizar...y mira me hiciste pasar por el crisol; para aprender a amar y entregarme verdaderamente a una vida plena en la consagración de mis tareas cotidianas al servicio tuyo y de tu reino celestial...Concédeme la Gracia Señor de no claudicar en mi afán de consagrarme a TI, como esposa, madre, e hija tuya; mi gran Dios!

FE Y RAZÓN

"LA FE Y LA RAZÓN (FIDES ET RATIO) SON COMO LAS DOS ALAS CON LAS CUALES EL ESPÍRITU HUMANO SE ELEVA HACIA LA CONTEMPLACIÓN DE LA VERDAD. DIOS HA PUESTO EN EL CORAZÓN DEL HOMBRE EL DESEO DE CONOCER LA VERDAD Y, EN DEFINITIVA, DE CONOCERLE A ÉL PARA QUE, CONOCIÉNDOLO Y AMÁNDOLO, PUEDA ALCANZAR TAMBIÉN LA PLENA VERDAD SOBRE SÍ MISMO". (CF. EX 33, 18; SAL 27 [26], 8-9; 63 [62], 2-3; JN 14, 8; 1 JN 3, 2). CARTA ENCÍCLICA FIDES ET RATIO SOBRE LAS RELACIONES ENTRE FE Y RAZÓN. 14 DE SEPTIEMBRE DE 1998

Dice Jesucristo: "Conoceréis la verdad y la verdad os hará libres..." Y el Padre Rogelio me ha dicho: "Habla con la verdad y Dios aparece..." dos verdades fundamentales...para dar razón de mi FE...Bendito seas por siempre Señor!

CONCILIO VATICANO II

Después de su conclusión, el Concilio no ha cesado de inspirar la vida de la Iglesia. En 1985 quise señalar: "Para mí, que tuve la gracia especial de participar y colaborar activamente en su desenvolvimiento, el Vaticano II ha sido siempre, y es de modo particular en estos años de mi pontificado, el punto de referencia constante de toda mi acción pastoral, con el compromiso responsable de traducir sus directrices en aplicación concreta y fiel, a nivel de cada Iglesia y de toda la Iglesia. Hay que acudir incesantemente a esa fuente". Juan Pablo II, Homilía del 25 de enero de 1985, cf. L'Osservatore Romano, edición en lengua española, 3 de febrero de 1985, p. 12).

Después de la clausura del Sínodo, hice mío ese deseo, al considerar que respondía "realmente a las necesidades de la Iglesia universal y de las Iglesias particulares" (5). **Juan Pablo II, Discurso en la sesión de clausura de la II Asamblea general extraordinaria del Sínodo de los obispos, 7 de diciembre de 1985; AAS 78 (1986), p. 435; cf. L'Osservatore Romano, edición en lengua española, 15 de diciembre de 1985, p. 11.**

Concilio Vaticano II ha abierto a una Nueva Evangelización donde me hago participe de una renovada vida en Jesucristo Resucitado...

EL ARTE

"QUIEN PERCIBE EN SÍ MISMO ESTA ESPECIE DE DESTELLO DIVINO QUE ES LA VOCACIÓN ARTÍSTICA -DE POETA, ESCRITOR, PINTOR, ESCULTOR, ARQUITECTO, MÚSICO, ACTOR, ETC.- ADVIERTE AL MISMO TIEMPO LA OBLIGACIÓN DE NO MALGASTAR ESE TALENTO, SINO DE DESARROLLARLO PARA PONERLO AL SERVICIO DEL PRÓJIMO Y DE TODA LA HUMANIDAD". **JUAN PABLO II**

Cuanto desee escribir para Ti mi Señor y que mis escritos sirvan de glorificación a tu inmensa Bondad! Gracias por darme la oportunidad de escribir...

LA EUCARISTÍA

"DEL MISTERIO PASCUAL NACE LA IGLESIA. PRECISAMENTE POR ESO LA EUCARISTÍA, QUE ES EL SACRAMENTO POR EXCELENCIA DEL MISTERIO PASCUAL, ESTÁ EN EL CENTRO DE LA VIDA ECLESIAL".". **JUAN PABLO II**

Y... ¿Qué decir del máximo regalo de Jesucristo? El Dios hecho hombre, y su Cuerpo y Sangre convertidos en el más sublime acto de Amor, ni la cruz, ni el calvario, ni el Gólgota, nos regalan la más maravillosa recreación de un Amor inmenso, auténtico...moriste por mí en la Cruz, y como otra prueba de tu incomparable amor; el gran Misterio de la Redención; **TU Cuerpo y tu Sangre sacramentados para mi Salvación**! Gracias JESUS, Gracias mi DIOS!

SANTIDAD

"LA VOCACIÓN DEL CRISTIANO ES LA SANTIDAD, EN TODO MOMENTO DE LA VIDA. EN LA PRIMAVERA DE LA JUVENTUD, EN LA PLENITUD DEL VERANO DE LA EDAD MADURA, Y DESPUÉS TAMBIÉN EN EL OTOÑO Y EN EL INVIERNO DE LA VEJEZ, Y POR ÚLTIMO, EN LA HORA DE LA MUERTE". **JUAN PABLO II**

"Sed Santos como mi Padre y Yo somos Santos..." Sublime invitación de Jesús...para alcanzar la vida eterna, la vida en plenitud, donde no hay sufrimiento ni dolor, donde no existen los horrores de la marginación, del pecado, donde se hace vida la promesa del Creador! La salvación!

NAVIDAD

"LA NAVIDAD, MISTERIO DE ALEGRÍA. ALEGRÍA, INCLUSO ESTANDO LEJOS DE CASA, LA POBREZA DEL PESEBRE, LA INDIFERENCIA DEL PUEBLO, LA HOSTILIDAD DEL PODER. MISTERIO DE ALEGRÍA A PESAR DE TODO. DE ESTE MISMO GOZO PARTICIPA LA IGLESIA, INUNDADA

HOY POR LA LUZ DEL HIJO DE DIOS: LAS TINIEBLAS JAMÁS PODRÁN APAGARLA"". **JUAN PABLO II**

Aleluya, aleluya, cantan los ángeles con majestuosidad, se alegra el mundo entero en la Verdad, en la Vida, en el Camino del Amor, en Jesucristo, Nuestro Señor! Gloria a Dios en la Tierra y Paz a los hombres de Buena Voluntad! amén

LA IGLESIA

"LA IGLESIA SE PREPARA A CONTEMPLAR EXTASIADA EL MISTERIO DE LA ENCARNACIÓN. EL EVANGELIO NARRA LA CONCEPCIÓN Y EL NACIMIENTO DE JESÚS, Y REFIERE LAS MUCHAS CIRCUNSTANCIAS PROVIDENCIALES QUE PRECEDIERON Y RODEARON UN ACONTECIMIENTO TAN PRODIGIOSO: EL ANUNCIO DEL ÁNGEL A MARÍA, EL NACIMIENTO DEL BAUTISTA, EL CORO DE LOS ÁNGELES EN BELÉN, LA VENIDA DE LOS MAGOS DE ORIENTE, LAS VISIONES DE SAN JOSÉ. SON TODOS SIGNOS Y TESTIMONIOS QUE SUBRAYAN LA DIVINIDAD DE ESTE NIÑO. EN BELÉN NACE EL EMMANUEL, EL DIOS CON NOSOTROS". **JUAN PABLO II**

Soy parte de la Amada, de la Santa Madre Iglesia; solo por la bondad y gratuidad de mi Señor... soy una minúscula célula de la herencia inmensa, del misterio bello del Cordero de Dios!

CONVERSIÓN

"EL COMPROMISO SOCIAL DE LOS CRISTIANOS LAICOS SE PUEDE NUTRIR Y SER COHERENTE, TENAZ Y VALEROSO SÓLO DESDE UNA PROFUNDA ESPIRITUALIDAD, ESTO ES, DESDE UNA VIDA DE ÍNTIMA UNIÓN CON JESÚS. TENEMOS QUE COMPRENDER QUE NUESTRO BIEN MÁS GRANDE ES LA UNIÓN DE NUESTRA VOLUNTAD CON LA VOLUNTAD DE NUESTRO PADRE CELESTIAL, PUES SÓLO ASÍ PODEMOS RECIBIR TODO SU AMOR, QUE NOS LLEVA A LA SALVACIÓN Y A LA PLENITUD DE LA VIDA". **JUAN PABLO II**

Cuando era más joven pensaba que la conversión era cosa de un día; que al aceptar a Jesús en tu vida ya estabas convertida...y durante este caminar por el desierto, por la penumbra, y la soledad; descubrí que la conversión es cosa de cada día, de cada minuto, de cada segundo, del encuentro de Jesús Vivo en tu despertar, en tu medio día, en tu atardecer y en tu anochecer... regálame Señor un profundo deseo de conversión.

Amen

Gracias Señor por regalarme a Juan Pablo II, porque Él ha sido un ejemplo de Santidad en mi vida, Gracias SEÑOR! Este poema lo escribí en mayo de 1990, en la visita a México de Nuestro entonces Papa juan Pablo II, y soñé con llevársela personalmente a Roma...pero nunca pude así que hoy la escribo en este libro con la certeza que ya la escuchó...

Para Ti Peregrino de Amor:

TE VAS...

Te vas...

Y me recuerdas

Que esa es tu misión:

CAMINAR!

Te vas amigo

Dulce mensajero de paz,

DE HUMILDAD!

Karol déjame decirte dos cosas;

TE AMO y

Aún llena de mediocridad

Quiero seguir tu ejemplo

ANUNCIAR...

Llevar al mundo eso que TÚ das,

Vivir por los demás

dar, sin esperar.

Quiero como Tú

Amar un ideal,

Una esperanza,

Buscar la santidad!

Bendito seas Juan Pablo II

14 de Mayo de 1990 María de los Ángeles Gutiérrez López

Con esta oración que Jesucristo nos enseñó termino la primera parte de YEHUDA donde AGRADEZCO Y RECONOZCO A DIOS COMO MI ÚNICO SEÑOR, solo por su GRACIA...

PADRE NUESTRO

GRACIAS por todos los ACONTECIMIENTOS que le has regalado a mi vida, porque estos han sido el maravilloso PUENTE para encontrarme CONTIGO, con tu HIJO, con tu SANTO ESPÍRITU y con MARÍA, mi Madre...Gracias!!!

Porque no te has equivocado en la historia que le has regalado a mi vida; me conoces a la perfección, y has estado conmigo en todo lo que he **vivido**, (*la violación*); **llorado,**(*las muertes de mi hijo, mi mama, mi hermanita*); **sufrido,**(*humillaciones, murmuraciones*); **anhelado,**(la *paz*);**perdido,**(*la inocencia, a mi párroco*); **entregado**, (*la confianza*);**exigido,**(*justicia*); **esperado**...*(humildad)*...!

Mi Dios, déjame estar contigo siempre **AGRADECIENDOTE Y RECONOCIENDOTE** con tu Bendito Espíritu, con tu gran Amor.

Sé que me has regalado la Cruz, la Cruz de tu Hijo, Mi Cruz, el Bendito Madero que nos transportó a la eternidad, a la sublimidad, al perdón de los pecados, a nuestra salvación... por eso hoy repito en mi interior la oración, **esa bendita oración que tu hijo Jesús nos enseñó:**

PADRE NUESTRO (mío yde todos; grandes y pequeños, tristes y alegres, buenos y malos, vivos y muertos...)

QUE ESTAS EN CIELO, (reiterándome tu poder, tu inmensidad, tu grandeza)

SANTIFICADO SEA TU NOMBRE (siempre Santo, y Glorificado)

VENGA A NOSOTROS TU REINO (el reino de la Paz, del Amor, del Perdón)

HAGASE TU VOLUNTAD, EN LA TIERRA COMOEN EL CIELO (lo que TU has pensado para mi salvación, esos acontecimientos de mi vida, que no aceptaba, que me dolían, me deprimían... y me acercaban a la muerte.)

DANOS HOY NUESTRO PAN DE CADA DIA **(tu PALABRA que me alimenta, me llena, me fortalece)**

PERDONA NUESTRAS OFENSAS, (Tantas ofensas, Padre; la pereza por seguirte, la murmuración, la soberbia, la falta de caridad...)

COMO NOSOTROS PERDONAMOS (Cuando me has reconocido hija tuya, regalándome tu Misericordia, y al perdonarme tu a mí, puedo perdonar al hermano, al que más me ha lastimado, violentado, despreciado, blasfemado.)

A LOS QUE NOS OFENDEN (Al que abusa de mí, al que me murmura, al que me envidia, al que me traiciona, al que me hace juicio)

NO NOS DEJES CAER EN TENTACION (No me dejes Señor caer en la tentación de vengarme, de huir, mentir, juzgar, murmurar, humillar...)

Y LIBRANOS DEL MAL. (De la tristeza, de la soberbia, del abatimiento, de la soledad, del resentimiento, del egoísmo, del pecado, del demonio.)

AMEN (Así sea, por los siglos de siglos...)

Tu pequeña hija, la que espera algún día le regales el DON DEL AMOR, de la humildad, de la Santidad, como sea tu Bendita Voluntad.

María de los Ángeles Gutiérrez López octubre 16 2009 4:50 a.m.

María Bendita...ruega por mí

Dios te salve María

Llena eres de Gracia,

El Señor es contigo,

Bendita entre la mujeres,

y bendito el fruto de tu vientre Jesús.

Santa María,

Madre de Dios,

Ruega señora

por nosotros, los pecadores

Ahora y en la hora de nuestra muerte.

Amen

CONSAGRACIÓN A LA VIRGEN DEL CARMEN

MADRE BUENA Y MISERICORDIOSA, mi HERMOSA **VIRGENCITA DEL CARMEN**; a partir de hoy MADRE TIERNA deseo **CONSAGRARTE** DE TODO CORAZÓN, a TI y a TU HIJO JESÚS todas mis potencialidades, dones, virtudes; alegrías, tristezas, emociones, sentimientos, ilusiones, necesidades, dilemas, ansiedades...

Te ofrezco MADRE DE BONDAD mi esperanza, anhelos, deseos, dolores, humillaciones, burlas, difamaciones, logros, aspiraciones...

PARA TI PRECIOSA; mi personalidad, mi carácter, mi forma de ser, ver, sentir, te entrego mis mañanas, atardeceres, anocheceres y despertares...

De hoy hasta siempre **TODOS** nuestros bienes espirituales, materiales, propiedades, autos, cuentas bancarias, nuestros saberes, inteligencias, fragilidad, y todas nuestras debilidades, las presentes, las pasadas y las futuras.

Mi trabajo cotidiano, la fundación del Centro Educativo para Niños de Escasos Recursos, mis amistades, enemistades, amores y desamores, mis miedos y seguridades, mis ruidos y mi silencio.

Te regalo mi jubilación, mi descanso, mi dolor, cansancio, y AMOR...

Que toda esta ofrenda tenga un sentido; LA VENERACIÓN DE TU SANTIDAD, GRACIA Y BELLEZA VIRGINAL Y LA GLORIA DE NUESTRO SEÑOR JESUCRISTO.

Deseo VIRGENCITA DE MI CORAZÓN, MADRE ETERNA, ponerlas al servicio de tu iglesia, ofrecerlas y consagrarlas a **TU INMACULADO CORAZÓN** y al de tu amadísimo **HIJO JESÚS**... todo lo que soy, tengo, hago...y pienso!

Para TI; Nuestra vida entera, la de mi esposo, e hijos...así como los dones que hemos recibido, en el BAUTISMO...

Recibe BENDITA MARÍA **absolutamente todo**, como un Holocausto a tu belleza, y acepto el **Señorío de Cristo-Jesús** en mi vida, en mi hogar y en mi matrimonio, te confió todos los acontecimientos que Dios ha permitido en mi Vida, te regalo mi historia personal, desde el vientre de mi madre hasta la eternidad...**Tuya es mi vida.**

Gracias Madre porque me regalas la certeza de que todo lo que pasa en mi vida es para el bien de mi alma, te consagro también mis talentos de esposa, ama de casa, hija, hermana, amiga, maestra, señora...

Te consagramos nuestros negocios, propios, de amigos y familiares, me desprendo de manera voluntaria, de los talentos que Dios me ha dado, gratuitamente... para que TÚ LA MÁS HUMILDE, los distribuyas, según tu generosidad.

Hoy renuevo mi decisión de seguir a JESÚS, con la renovación de nuestras promesas bautismales, acepto en mi vida el orden de Dios, y repito en mi corazón y en mis entrañas **HAGASE EN MI**, TU MÁS ETERNA VOLUNTAD, rechazo en el nombre de JESUS, todas las obras del demonio, en mi vida, en mi familia, en mi casa, en mis antepasados, presente y futuro RECHAZO en el nombre de JESUS, el uso de drogas, alcohol, violencia, prostitución, brujería y horóscopos; en mi vida, familia, en mi casa, en mis antepasados, presente y futuro.

Hazme fuerte en mis debilidades, auténtica en mis amores, y fiel a los preceptos de mi SEÑOR, hazme digna hija tuya, hazme Madre una célula de tu alma, solo una célula, para dar Amor a mis hermanos…Toma mi vida MADRE, está minúscula vida, en tus manos, en tu amor, en tu corazón, en tu regazo…Cobíjame en el manantial de tu Maternal corazón, y cuídame como a Jesús, defiéndeme como a tu hijo, de la mano asesina de Herodes… Enséñame BONITA a caminar junto a Ti… y ya que conoces mis debilidades… Ruega por mí…para volver al PADRE, AL HIJO Y AL ESPIRITU SANTO a través de **Tu Filial y Sacratísimo corazón**…

BIBLIOGRAFÍA

II, S. J. (s.f.). Carta encíclica REDEMPTORIS MATER. *Sobre la bienaventurada Virgen María.*

Nueva Biblia de JERUSALEN. (Nueva edición revisada y aumentada. Editorial Desclée De Brouwer, S.A., 1998 Henao, 6- 48009-Bilbao) www.edesclee.com)

Benedicto XVI, S. B. (4 de Abril de 2010). La Pascua es la verdadera salvación de la humanidad. Ciudad del Vaticano

Juan Pablo II, Discurso en la sesión de clausura de la II Asamblea general extraordinaria del Sínodo de los obispos, 7 de diciembre de 1085; AAS 78 (1986). p. 435 cf. L'Osservatore Romano, edición en lengua española, 15 de diciembre de 1985, p.11.

Catholic.net

Saludo final del Papa Juan Pablo II, a los participante de la JMJ 2002 Downsview Lands, Toronto, 28 de Julio 2002.

25 Frases de la "PORTA FIDEI" de BENEDICTO XVI anunciando el año de la La FE. es la verdad.

Carta Apostólica en forma de "Motu Proprio Porta fidei con la que se convoca el Año de la FE."

http://www.vatican.va/holy_father/benedict_xvi /motu_proprio/documents/hf_ben-xvi_ motu-proprio_20111011_p orta-fidei_sp.html)

Catequesis de Juan PabloII, "La visitación y el magnificat".

S. catholic.net EWTN FE textos bíblicos con referencia Mariana.

Ecíclica. Esplendor de la verdad. Juan Pablo II

AUTOR: Lic. Ma. de los Ángeles Gutiérrez López.

correo eléctronico: cenerwe2000@yahoo.com.mx www.facebook/instituto.cener

Printed in the United States
By Bookmasters